Adverbs & Verbs

By Wordsearch Master®

Copyright © 2022 WORDSEARCH MASTER® – ALL RIGHTS RESERVED

The content contained within this book may not be reproduced, duplicated, or transmitted without prior written permission from the author or the publisher.
Under no circumstances will any blame or legal responsibility be held against the publisher, or author, for any damages, reparation, or monetary loss due to the information contained within this book either directly or indirectly.

Legal Notice:

This book is copyright protected. This book is only for personal use. You cannot amend, distribute, sell, or use any part, or the content within this book, without the consent of the author or publisher.

Disclaimer Notice:

Please note the information contained within this document is for educational and entertainment purposes only. All effort has been executed to present accurate, up to date, and reliable, complete information. No warranties of any kind are declared or implied. The author is not responsible for any losses, direct or indirect, that are incurred because of the use of the information contained within this book, including, but not limited to, errors, omissions, or inaccuracies.

ISBN 978-1-915094-46-9

Published by IBII in 2022

TABLE OF CONTENTS

Welcome & Rules / 2

Word Searches - Adverbs / 3
    Adverbs of frequency: HOW OFTEN?
    Adverbs of time: WHEN?
    Adverbs of place: WHERE?
    Adverbs of manner: HOW?
    Adverbs of degree: HOW MUCH?
    Adverbs of positive manner: HOW?
    Adverbs of negative manner: HOW?

Word Searches - Verbs / 19
    Regular verbs A-Z
    Intransitive verbs - can be used without a direct object to express its full meaning
    Transitive verbs - require an object to receive the action
    Auxiliary verbs - help another verb express its tense, mood, or voice
    Irregular verbs – do not follow the usual rules for verb forms

Revisions / 64

Solutions / 71

Hello and Welcome Future Wordsearch Masters

Ok, let's roll our sleeves up and get stuck right in.

This book is full of exciting word search puzzles that will help you understand and practise Adverbs and Verbs.

In the word search grid, we may hide listed words and phrases horizontally, vertically, diagonally, forward, or backward. Words always form a straight line, with no letters skipped. Words do not overlap, but they can share a letter.

Any spaces or hyphens in the word list are removed, e.g., MOVE UP will be MOVEUP, or X-RAY will be XRAY in the word search grid.

Circle each word you find in the word search grid and then cross it off your word list.

Example:

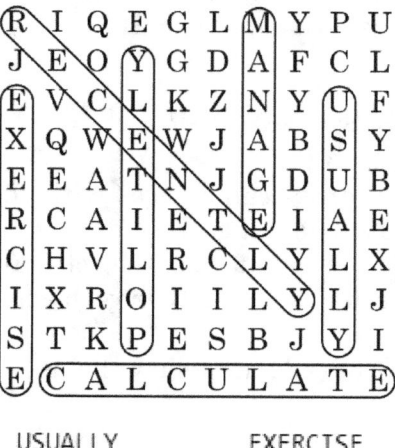

USUALLY   EXERCISE
RECENTLY   CALCULATE
POLITELY   MANAGE

After you've completed all the word searches, it's time to put your newfound knowledge to the test by identifying the correct adverbs and verbs.

Pencils ready ...

                                                  ... and GO!

Adverbs

An adverb is a word used to modify a verb, an adjective, or another adverb and often used to show degree, manner, place, or time.

1)

```
R O G C L G L K N D R F
P C A E N H P I W X O R
N C N H N E T F O X J E
O A N U R E F U B R W Q
R S U S G W R E V E N U
M I A U L Q E A K F X E
A O L A U V V Q L E B N
L N L L H G E D I L S T
L A Y L P D Y B L T Y L
Y L L Y J U L U M T A Y
F L E W H M D I K O W O
E Y R R S A R F H J L V
M F A S M Z A R G J A Q
Q Z R G D X H B Q E Q Z
B M J S O M E T I M E S
```

Adverbs of frequency: HOW OFTEN?

ALWAYS NORMALLY
ANNUALLY OCCASIONALLY
FREQUENTLY OFTEN
GENERALLY RARELY
HARDLY EVER SOMETIMES
NEVER USUALLY

2)

```
F O R T N I G H T L Y E
I M M E D I A T E L Y F
A L M O S T N E V E R B
L H L A K J F G R Y Y W
O C C A S I O N A L L Y
C X H K C W J Z V T L L
O B B T V N S X R N A I
N M O N T H L Y Y E U A
S V I W A R J L P U T D
T L K P V F R I A Q N E
A X N J G U O T J E E E
N H P P O C D I Q R V U
T S C H T N X J Q F E E
L Y L L A U N I T N O C
Y L R A L U G E R I O R
```

Adverbs of frequency: HOW OFTEN?

ALMOST NEVER — HOURLY
CONSTANTLY — IMMEDIATELY
CONTINUALLY — INFREQUENTLY
DAILY — MONTHLY
EVENTUALLY — OCCASIONALLY
FORTNIGHTLY — REGULARLY

3)

```
A Y O T K E E W T S A L
T L Y Z C N G Q O B Q L
H T R T O J K G N B X A
E N A E O U A S I G O S
D E E I A M H Q G V E T
A C Y I C D O A H K E M
Y E T F G E Y R T K I O
B R S I O X B X R C H N
E Z A L G G L I M O K T
F U L H F G F L I D W H
O I M M E D I A T E L Y
R E T A L Y F E Q Q L J
E D G V T P F T O D A Y
Y E S T E R D A Y D R J
M B I F P X X T O A K Y
```

Adverbs of time: WHEN?

ALREADY	RECENTLY
IMMEDIATELY	THE DAY BEFORE
LAST MONTH	TODAY
LAST WEEK	TOMORROW
LAST YEAR	TONIGHT
LATER	YESTERDAY

4)

```
I A D P E M J D N O A W
P S R O O D N I V Q N N
E R E H W E S L E H Y I
O Y G G M N G D R S W A
P U D N O L S O V C H B
R Z T X V E V T M L E R
A L J S U B E S A Y R O
B I Y I I H Y H X I E A
O N N H H D E I W O R D
V E I S W O E C Z A M S
E A D Q I Q L D D U V B
W R I Q O D N I H E B W
F B P G E Q E R E H N F
K Y T O W A R D S S S N
I G D P W H U A R O H I
```

Adverbs of place: WHERE?

ABOVE
ABROAD
ANYWHERE
BEHIND
DOWNSTAIRS
ELSEWHERE

HERE
INDOORS
INSIDE
NEARBY
OUTSIDE
TOWARDS

5)

```
M T H E R E B A C K X B
E V E R Y W H E R E U A
B G O V E R S E A S N Q
K N I C R T W A O C D K
S O M E W H E R E V E N
N L F Q Y G A E B D R U
E A O B Q I J W V H G P
H R I W O R G E A X R S
N O W H E R E Q G Y O T
J O R B A I G H S G U A
D D D Y L T S I W Y N I
W T M P T Z H J P S D R
S X N D R P W Y G G C S
A E U X H I K G R J V O
D N F J F B E R Q S U R
```

Adverbs of place: WHERE?

ALONG	OVERSEAS
AWAY	RIGHT
BACK	SOMEWHERE
EVERYWHERE	THERE
NEXT DOOR	UNDERGROUND
NOWHERE	UPSTAIRS

6)

```
W O R D Q J T P A P T U
J W W U R C B M A N B N
P Y P C Q X K F H F P E
A L N P S D E S A V J X
U L F A E Q J O G W G P
C A P Y C U A W E L L E
A T E J R I V U Y B B C
R N Z M E C I J S J E T
E E I J T K G Q N J A E
F D A T L L R Q T W P D
U I F S Y Y O K B D Q L
L C J A I S O F T L Y Y
L C F F L L S L O W L Y
Y A R R U F Y L D A B C
G E N E R O U S L Y R B
```

Adverbs of manner: HOW?

ACCIDENTALLY QUICKLY
BADLY SECRETLY
CAREFULLY SLOWLY
EASILY SOFTLY
FAST UNEXPECTEDLY
GENEROUSLY WELL

7)

```
W B D W Y L R E G A E V
Y I E G L G T R S T N T
K D S A L N C P K G V U
S F W H U J D N D P P L
P W O L F T Q K A B C N
E P R V R U I I X A Z E
C A R W E V L F R L O A
I T I Y E C Z L U Y X T
F I E A H L L A Y L W L
I E D S C O Y N S L L Y
C N L C Q S D F V I X Y
A T Y I J E G R I M L Y
L L B K G L G N G V X K
L Y R R Y Y L T E I U Q
Y S T R O N G L Y F Q R
```

Adverbs of manner: HOW?

BEAUTIFULLY   PATIENTLY
CHEERFULLY   QUIETLY
CLOSELY   SPECIFICALLY
EAGERLY   STRONGLY
GRIMLY   WISHFULLY
NEATLY   WORRIEDLY

8)

```
Y V E F Y G D T S J F G
B A R E L Y C R K U V Q
E X T R E M E L Y S H F
S S S W F Q B M L T M A
E I O H G U O N E F X G
X S M X G P Y E R A E G
S L L P G D X X I I N D
B H A P L C F X T R O E
V E R Y J Y J Q N L R D
I U S F U L L Y E Y M T
R A T H E R Y B F N O U
M J W B M Q K O T L U S
H S X K E L C S I T S J
N P L Q K N Z N F Y L K
C R S K N Q P N P P Y Y
```

Adverbs of degree: HOW MUCH?

ALMOST	FAIRLY
BARELY	FULLY
ENORMOUSLY	JUST
ENOUGH	RATHER
ENTIRELY	SIMPLY
EXTREMELY	VERY

9)

```
E P X S C S B B X C G X
A G O O D D E A L O S C
J N N Q M R K I E M O B
M I W E U W X I X P M K
Q H Q J A I L K V L E M
Q T O L A R T D V E S V
A O A F P W L E R T H J
M N O F U R T Y Y E M H
R U Q F E I S N O L V S
C K C S M W W A C Y H P
T I W H R N D M V W A Z
E P Z J Q Y W K Y D R E
W L V L I T T L E C D E
Z I C F E F K H Y B L I
X H Z D V T F D C P Y M
```

Adverbs of degree: HOW MUCH?

A FEW	MANY
A GOOD DEAL	MUCH
A LOT	NEARLY
COMPLETELY	NOTHING
HARDLY	QUITE
LITTLE	SOME

10)

```
C C A R E F U L L Y C B
A A O I K N D Y Y A H E
I E U B R A V E L Y E A
L X X T X H A V I L E U
T H Z Y I D L F S D R T
K Y T I G O B U A L F I
G L A D L Y U J E O U F
P T U G M L I S T B L U
R N D I H E L B L I L L
O A L Y R T D K H Y Y L
M G W V Y I Z D Q I W Y
P E C C Z L T V R Y O V
T L Q Q K O O O W N L V
L E X P R P N O H I A K
Y G V J E A G E R L Y Q
```

Adverbs of positive manner: HOW?

BEAUTIFULLY
BOLDLY
BRAVELY
CAREFULLY
CAUTIOUSLY
CHEERFULLY

EAGERLY
EASILY
ELEGANTLY
GLADLY
POLITELY
PROMPTLY

11)

```
Y P J F I P J T B W N R
L Q I I L H F D C X Q A
G E N E R O U S L Y U P
L X M Z Q U U V V V I I
T T C W L X P Q V O E D
P E E I Z Q A C X W T L
Y L L U F H T I A F L Y
F B G K Y Q I D M S Y E
G E N T L Y E X F R L Q
K V O Y T G N A U S N U
O I M X A N T Q K P E A
M S N H E O L M J O P L
W Y Q D N U Y P I C O L
Y K S Y L T S E N O H Y
A K D S B Y L K N A R F
```

Adverbs of positive manner: HOW?

EQUALLY   KINDLY
FAITHFULLY   NEATLY
FRANKLY   OPENLY
GENEROUSLY   PATIENTLY
GENTLY   QUIETLY
HONESTLY   RAPIDLY

12)

```
U R L K C K F R O R R L
Y L I D E E R G Y P E C
N Y B Z Z M A R L T H W
E D X H H D N X S L D G
C E T Z M G T E U U O C
A B Y L H S I L O O F A
S W F A A N C Y I Z Y R
S O K B C Y A L X D L E
A J O W F L L H N Z T L
B M K G A I L S A O N E
T A A L X R Y I A J E S
F B D M S G D F I W L S
E G D L Y N Y L D U O L
C W U H Y A L E Y J I Y
B L I N D L Y S J B V D
```

Adverbs of negative manner: HOW?

ANGRILY FOOLISHLY
ANXIOUSLY FRANTICALLY
AWKWARDLY GREEDILY
BADLY LOUDLY
BLINDLY SELFISHLY
CARELESSLY VIOLENTLY

13)

```
D G Z D R M A D L Y U M
W F T E J C U Y L U T K
H E M P O O R L Y O Z O
R B L Y Y E G I W A R L
R E C K L E S S L Y U A
X Q R G E S Z I E L D Z
Q N O F T T I O H S E I
D B U A A U G N N U L L
J P G G U P L W F O Y Y
D R H O Q I H L L V L Q
J N L S E D Z W S R Y E
M L Y N D L M Q A E H C
W C V F A Y L X D N S N
L N B I N X U Z L V T Z
S S S F I X W U Y P D F
```

Adverbs of negative manner: HOW?

INADEQUATELY   RECKLESSLY
LAZILY   ROUGHLY
MADLY   RUDELY
NERVOUSLY   SADLY
NOISILY   SHYLY
POORLY   STUPIDLY

14)

```
S D I G F L O O S E L Y
E E N W G Y Y C A N O L
R L Q F G L Q E F O V T
I I U X I D Y H Y K J C
O B I D F E L A O E J A
U E S B D I R Y A K F X
S R I N L R A C U W D E
L A T P E R L Y E Z O O
Y T I N K U U N W L R P
H E V Z H H G L Y A Y B
E L E I C P E A W P N V
F Y L E R A R K Q U U Y
U A Y L G N I R A D R U
Y L S U O I R E T S Y M
M J O T Q N D Q M K O Q
```

Adverbs of positive/negative manner: HOW?

DARINGLY   INQUISITIVELY
DELIBERATELY   LOOSELY
EXACTLY   MYSTERIOUSLY
FAST   RARELY
FIERCELY   REGULARLY
HURRIEDLY   SERIOUSLY

15)

```
S C Z Z W H P H S M R R
S U Q V S V O H O N E E
F L D R B F K A L I L P
L B O D D K Q Z E R U E
N K C W E J N Z M I C A
S G B J L N Y N N G T T
T P D C L Y L P L H A E
I C E I D R I Y Y T N D
G G G E J C P W L F T L
H Z H A D D E T T U L Y
T O Y S X I E Z F L Y H
L Y G T J I L P I L B M
Y V E Y D Y S Y W Y K F
S H A R P L Y D S X L D
A C C I D E N T A L L Y
```

Adverbs of positive/negative manner: HOW?

ACCIDENTALLY　　　SLOWLY
RELUCTANTLY　　　SOLEMNLY
REPEATEDLY　　　SPEEDILY
RIGHTFULLY　　　SUDDENLY
SHARPLY　　　SWIFTLY
SLEEPILY　　　TIGHTLY

Verbs

A verb is a word used to describe an action, state, or occurrence, and forming the main part of the predicate of a sentence.

16)

```
I H E T A I C E R P P A
V K Y E P P S G R O E S
S Y E H O A S I E U A N
F C V E L F F T O S V K
M V M U O L H F C Z O D
L U U Z G R H N O E I T
A L E I I O Z I U R D B
A G S O S T Z V D N D A
C G R B E I F X M X F R
C T F E A N A L Y S E R
E T D N E T T A A S G I
P L N Q A R R A N G E V
T A N N O U N C E A A E
A D M I R E C O C Y W E
A K O N F D P Q H S P Z
```

Regular verbs starting with A

ACCEPT   APOLOGISE
ADMIRE   APPRECIATE
AFFORD   ARRANGE
AGREE   ARRIVE
ANALYSE   ATTEND
ANNOUNCE   AVOID

17)

```
B B E H A V E B Q S C C
F R F U J F C M L Z M J
B W U N J P N G Y I G W
V R V S V O U J A M N P
T H A C H T O L V C A K
B U X K S H B C Z C B B
A U O R E B B E W Y F A
M X B B Q Q R B C V W L
O T F B O S F E U Q X A
J F B N L R T T A M L N
B L U S H E R X Z T P C
V X T V G W I O V Q H E
Q N U F D U S H W Y J E
Z B K U M C F L A Q C F
T P Y U T J A P R L J B
```

Regular verbs starting with B

BALANCE	BOUNCE
BANG	BRAKE
BEHAVE	BREATHE
BLINK	BRUSH
BLUSH	BUBBLE
BORROW	BUMP

18)

```
U C M E C V N W R C H I
I X O T V W Y N V H U F
C X F A L H X V F A D K
Z O J L C L S K T L D P
I T N U K H S R G L E K
L L D C C A R R Y E C U
B V J L E C Y R N N E C
C M P A H N H G Q G C J
O L S C C X T E X E L P
L N B S J F B R E C E O
L C O N F E S S A R A Q
E B B W M R C J J T N D
C A M A X O B C S N E C
T C O M M U N I C A T E
C L A I M I V M N O V Q
```

Regular verbs starting with C

CALCULATE CLEAN
CARRY COACH
CHALLENGE COLLECT
CHECK COMMUNICATE
CHEER CONCENTRATE
CLAIM CONFESS

19)

```
F V Z O T D L D C N L I
C B C Y S E H I D C J C
B X J N U S T S L H E S
F J P D J C A L W D D B
D C N W O R D I N F I D
X E D I V I D K I X Z B
R V C D K B P E C N A D
P R D I E E D A M A G E
D E V I D L D E T E C T
E S H L S E I L U Z Z U
C E I T D C S V L Z P S
E D K Z Y H O A E O S A
I K W K O I C V A R V U
V Z I B O K J E E B H E
E M E K L J H G Q R S L
```

Regular verbs starting with D

DAMAGE DESERVE
DANCE DETECT
DECEIVE DISCOVER
DECIDE DISLIKE
DELIVER DIVIDE
DESCRIBE DROWN

20)

```
E E C C V X U M Z G A E
S M X Z B Z S E S H E N
U E B T B X U M U V R T
C U D A E W Z P T Y A E
X D H U R N F L K O J R
E G O E C R D O P C Z T
B X E X L A A Y A B E A
E Y N P U G T S S C S I
X I C A N A A E S L H N
E Y O N E X P L O D E I
R X U D B N Y C S T Q A
C L R J M T O Y Y T X L
I J A Q T R A Y S H B P
S P G X W O I V G R E X
E Y E E X A M I N E N E
```

Regular verbs starting with E

EDUCATE   EXCUSE
EMBARRASS EXERCISE
EMPLOY   EXPAND
ENCOURAGE EXPLAIN
ENTERTAIN EXPLODE
EXAMINE   EXTEND

21)

```
Y Z G D O E Q O R F G D
F F L A S H F E A R P J
U A F A D E W R Z W R O
Z X S N C O O W S K Y Y
S I N T F I L E I E M G
S H E T E P L F R S A Z
F E T C H N O U L L I F
S E L Q G B F A L O A M
F R A M E E P R L F O P
T M X Q G E H K G O M D
U F I L M K F U B O C A
G M I L F A I L H M W E
A B C P S O Z Y F C I N
N X B J S O F B U R D B
P L Z D K B Q D K A G I
```

Regular verbs starting with F

FADE FILL
FAIL FILM
FASTEN FLASH
FEAR FLOOD
FETCH FOLLOW
FILE FRAME

22)

```
G X A N O J G Y P D Y G
Y R E H T A G R Y U F U
L F A L Z G P S E L O A
J T S B K U I V Y A C R
I G R I N I K G G O S D
G C W X W D H C U W S E
G R I P U E L U A D F R
G U E S S D O A R O N T
M O G U D A D Q A B Q N
S F Y I J O C H N P O W
O I Y H D D V N T H V S
U U O P C T G Z E G R E
X C X H I T A X E G Y F
G R O A N G A Z E U L G
P A Y W W X Z V N I S Z
```

Regular verbs starting with G

GATHER GRIP
GAZE GROAN
GLUE GUARANTEE
GRAB GUARD
GREASE GUESS
GRIN GUIDE

23)

```
C L H F S D U L A E H R
S O I N H X P R N U A P
T N U A H G F I Q W R F
H E L P H D L J K J A I
A P E C R A N W G S S D
B P H Q H G M R A H S S
I A I A Q O F M S B M I
A H M F N U P V E K A O
S K H I F D H E I R F G
C U H B H M L E O C X O
W M F R E I X E H Z A S
H U N T A X X S O M G D
K R J X T N A A O L Y P
G E G N I Q S X K V D C
N S Y L F H Q H J K I B
```

Regular verbs starting with H

HAMMER	HEAL
HANDLE	HEAT
HAPPEN	HELP
HARASS	HOOK
HARM	HOPE
HAUNT	HUNT

24)

```
I N T E R R U P T I P E
T X L C P E T I V N I S
S L Q T B F K G N T Y O
E C N E U L F N I R S B
I B U W Q B Q O E O J I
B D G P W E Y R K D F U
S S E R P M I E J U E P
J F L N L M K X I C D D
U Q I O T N V H N E C W
V X F J R I F A C V W X
I N V E N T F G R O A H
I M A G I N E Y E R D E
I N S T R U C T A P N M
S O K F O F H G S M F G
P H H Q C C C Y E I O H
```

Regular verbs starting with I

IDENTIFY   INFLUENCE
IGNORE   INSTRUCT
IMAGINE   INTERRUPT
IMPRESS   INTRODUCE
IMPROVE   INVENT
INCREASE   INVITE

25)

```
N J P J U N A J M M T I
B U V O Z S S R K K N Y
V M L I R J O F M I C G
N P N N V Q K J H S F Z
Z J P B G Q I N L S A G
E A U N Q X W J E S Y O
V G F D H O H G K E Z G
N K K M G S M J O L L S
R V N L K E R A J G E D
G I I I N B L I O G P Q
Q L T X O K T L J U S T
H K N Z C J J F K J M V
S H I A K X F B X N B T
K P X C X G C S Q J O Q
B N B Y K D A Y N Y R T
```

Regular verbs starting with J K

JAIL   KICK
JOIN   KISS
JOKE   KNEEL
JUDGE   KNIT
JUGGLE   KNOCK
JUMP   KNOT

26)

```
R B A D X W O L L A R A
B W F P H A V A I X G Z
M L L A B E L N S Y Z J
Z R O D E Q Q D T Y W A
P J L V M Y B A E K Q E
F K I M E Z T O N T E J
D L V V O F H L F T C Q
D G E T K K C A C F W L
P F V B U M N P V H N I
N K F X Z V U N F D I C
U K Q K L E A R N I X K
L A U G H E L O O K X U
V K J U X E Y O B Q I Z
K X F O G Y I T P X U Y
W B L I C E N S E E P K
```

Regular verbs starting with L

LABEL	LICK
LAND	LISTEN
LAUGH	LIVE
LAUNCH	LOAD
LEARN	LOOK
LICENSE	LOVE

27)

```
Y M E M O R I S E C F C
L X H H H S M M V U I D
B T J C Y M M O A Z G D
M E L T M E A F V R W E
V Q Q A Y S N G K E C Y
T G C M L S A R T R L H
Q I Y M W U G E R U L T
S V K Y A P E G P S Z S
G B G M V H J B I A X B
B B Q A B P N I X E E Z
J S Y R R A M M K M X Y
D V L K Y M M Q C S L S
E V A P L O G E Q J R B
M U L T I P L Y N T U K
R I L A I O O V Y D J G
```

Regular verbs starting with M

MANAGE   MELT
MARCH   MEMORISE
MARK   MEND
MARRY   MESS UP
MATCH   MOVE
MEASURE   MULTIPLY

28)

```
V O L U N T E E R C O Y
K J U L U G H E K N Q X
E P U D F I S U I A Q M
V Q U A N T I F Y R U Z
N E T A E N N V G R E V
R L N B H O A F I A S V
N X E T C K V E B T T B
O A K Q U J P G Z E I P
T D C V A R H D K O O F
I A I Q I R E B M U N P
C C U D N S C A S Z P E
E H Q B G N I K Y D G T
S C J P H G N T K T D E
Q U E U E R C V H N H B
N Z A X K Z B R O X N X
```

Regular verbs starting with N Q V

NARRATE QUEUE
NEATEN QUICKEN
NOTICE VANISH
NUMBER VENTURE
QUANTIFY VISIT
QUESTION VOLUNTEER

29)

```
O O V U O Y R Q O C E J
H F B Q F C R M B O V W
G T F J X S Z R E D R O
H X I E E H M Z Y O E C
O P E N R C Z O O F S L
X O W O Q Z T P V F B Q
P A R X D H Y E E E O L
N U E G E T F R R N E Z
K T P A A N X A F D G Q
O C C U R N F T L R A K
W T I O A N I E O Y H F
V T L A W J O S W D H G
X V L M D Y Q L E T J K
R M H O O U L P D F H X
U O B T A I N O Z E A Q
```

Regular verbs starting with O

OBEY   OFFER
OBJECT   OPEN
OBSERVE   OPERATE
OBTAIN   ORDER
OCCUR   ORGANISE
OFFEND   OVERFLOW

30)

```
S O P C W P P N U C Z U
L B L O E J O L R E F O
A L C J S P Y I A R Z F
J X P N X S R B N N D F
U B Q T E H E O O T T Z
H M E J M V Q S T V L U
D Q T I M R E P S E S U
J M S P L W H L F J C H
K R A P O A H Y O P N T
L O P K S X D B M H N J
S F B E S U K K L K L L
P R E P A R E L D D A P
F E N O H P X X W I D P
A P X J E X B F X J E S
X U R I C D J X S E P F
```

Regular verbs starting with P

PADDLE   PHONE
PARK   PLANT
PASTE   POINT
PEDAL   POSSESS
PERFORM   PREPARE
PERMIT   PROTECT

31)

```
D W L N H F B R E A R R
R E L E A S E E I A R E
R E C E I V E P S V D C
U S U U F U A L A C E O
E O F N B N Z A M W A G
X V J K B I E C A H T N
K C D S E A E E S X M I
R W P J R M V K L C B S
E M Y N P E C U D E R E
A I N U S R C Y I K E H
C S Q F M E H O Q Z P A
H L K B U F E N R Q A G
R B K Y I U A R B D I T
D B O J T S E U Q E R A
G W H Q T E R E J E C T
```

Regular verbs starting with R

REACH   REJECT
RECEIVE   RELEASE
RECOGNISE   REMAIN
RECORD   REPAIR
REDUCE   REPLACE
REFUSE   REQUEST

32)

```
C Z Q S S H W E M Z G O
X Q U A E T A R A P E S
U R E T T A C S E E U S
S E Q I T U V S R X J C
C V V S L S Y A C N P R
R I H F E H C G S A J I
A H T Y E D R R F V I B
P S S M I L E L A U T B
E S Z C N L F V P T O L
M S S Q J E H A Q U C E
H W E R Z N O X Q Q N H
O V M A J Y E R W W M B
K M R S R O R D U Z J E
E N E X C C T L N Q V O
S I G N A L H H B S Z J
```

Regular verbs starting with S

SATISFY   SEARCH
SCATTER   SEPARATE
SCRAPE   SETTLE
SCRATCH   SHIVER
SCREAM   SIGNAL
SCRIBBLE   SMILE

33)

```
H O U D E T T A E R T T
X T S Y L J R R P L R I
V L P Y B V H A A D A C
A B T U M B L E I P N K
M V I E E J M Z X N S L
T S Q H R R Q E T L P E
V O B Q T J H Z W L O X
T W U L T R Q B I B R J
P S I C T M A G S P T U
L T U F H T I V T U F H
T R I C K D C U E Q U T
C B X O T A S T E L H Y
S J W R H R Z I K Z P L
W X N E G E L C G L M Y
G S V Y G S O R I V S J
```

Regular verbs starting with T

TASTE TRAVEL
TICKLE TREAT
TOUCH TREMBLE
TRAIN TRICK
TRANSPORT TUMBLE
TRAP TWIST

34)

```
Q G O F U E G P M T C G
X V K E N I A L S U M Q
B X A P D P H W F N T D
Z O O M R Y E L L H I J
C U S Y E N K Y C O V U
S U N D S I R X N O N B
P R N C S T S R P K J N
Z Q P Y O S H A Z U Y X
O I T S F V U Y Q N N Q
Q W P J C X E G X L T J
Y A W N E D M R V O P K
D P A U N V E I L C U J
U N P A C K D D M K S W
U N F A S T E N G U Y V
H G Z E X D V G H Q J R
```

Regular verbs starting with U X Y Z

UNCOVER	UNVEIL
UNDRESS	X-RAY
UNFASTEN	YAWN
UNHOOK	YELL
UNLOCK	ZIP
UNPACK	ZOOM

35)

```
V R K T A G D W S J E Q
N R V O D J O H S A W E
K H H Q W Q K I D R U F
W H I S P E R S I O B W
A W W M K R O T N A W O
N V A H X N W L W J M B
W S L Y H J Z E R V T B
K H K E E Q O A E O C L
W O I I W M A P S O N E
V I E N L R W S T I A W
X M T Y E E I E L S W I
V J O D X W G G E Y J D
K Z S P B I W D G L M A
V K X R G R W P V L J K
W A T C H A F N C L E L
```

Regular verbs starting with W

WAIT   WHISPER
WALK   WHISTLE
WANT   WOBBLE
WASH   WORK
WATCH   WRESTLE
WHINE   WRIGGLE

36)

```
C S E H R P I O F U U V
F R P E T S M N H Y M M
B W A T Q A U X B B O X
W S C W R K V R M J P S
P I S Z L K S Y U X L H
V F E C L O W V Z S V O
D A N C E M I B P O H Q
E S F Y D O M I M B I Q
A Y I U O V X T W I R C
I Q F W L E A M L I X S
S P I N P D O D H L T F
B B L P X A U M A P L L
T P U R E F J Z E P E O
E D T X G Z F J M F T A
A Y V S N A P J U I P T
```

Intransitive verbs

ADAPT	FADE
CRAWL	FLOAT
DANCE	MOVE
ERUPT	RUSH
ESCAPE	SPIN
EXPLODE	SWIM

37)

```
L E A P Q G L I S T E N
X L E F T R W W B R L A
W V X Y P O A A Z V L E
U J U M P W G E N Q J L
J Q M I D K W Y K D V O
S P R I N T G S A E E L
J U S N G B F T H K Q R
Y Z K N E E L A I M P J
M Z O M Z K N G Y H O Y
K C J I Z U G G J B A N
Q J I E J D A E L C R E
L O L V L B L R H M S M
Z G U G R D L U E A I Y
E Y L P W W O P G I Q H
W U W A M O P R I A N B
```

*I*ntransitive verbs

GALLOP   LEAP
GROW   LEFT
JUMP   LISTEN
KNEEL   SPRINT
LEAD   STAGGER
LEAN   WANDER

38)

```
F P Q P E R P V Y O V W
A A N T J Y E O J T E Q
L R M M B C E L U M C C
L T P R P R P M A T K C
N Y T D E X U I J X G O
P Y H A P A S H O U T N
P S Q S W F D S D K F H
O O N P F H B N L T A A
G B P L V J Y A X C V M
P R A Y M M O R Z X B T
M O U R N A N L W K I Y
Q F T W R I R I W V H P
P O S E N J R C A H B W
F M C M C B Y P H H F H
X X P R H K J R Y R P P
```

Intransitive verbs

FALL   POUT
MARCH   PRAY
MOURN   READ
PARTY   RELAX
PEEP   SHOUT
POSE   SNARL

39)

```
R A A T D U S P A E C Q
X E X N L P C O C O D K
Y M C E K K R U Z A H U
C Y H L R K E N K S G R
U Z T E I D A C R H H U
J L G R X N M E A L B D
Z F K D H A E P S L Z S
P I R C X P L G H M F F
A Y S I O X K S A Q E P
U L I A S E A O K U K U
S R G X R I S E E D R E
E A H P Y R C J A A I Q
F X Y E T R O U N T O P
M U Z R O X F L I O Z F
W I G G L E T T L B M Q
```

Intransitive verbs

EXPAND ROLL
PAUSE SAIL
POUNCE SCREAM
RECLINE SHAKE
RELENT SIGH
RISE WIGGLE

40)

```
S F W E D I V I N Q B Z
T Q A M V W O N L A X Y
P I U S S L A U B Z Y A
S Z T E T Z R D Y Z S W
C T Y W A X L M S P V I
W W A Y S K I N R A E L
A H O N C K M O O N L R
V H B H D S P N T I P S
E R A Z Z N L E S C P N
S E V Z S K G I T F M E
S S A F T K R P D C P N
H K O S M E L L K E V V
L E I A W M S H E E I E
O K H P K K W D F Y C O
C M M H P I Y B D C G H
```

Intransitive verbs

FAST   SMELL
LEARN   SOAK
LIMP   SPIT
PANIC   SQUEAK
SKIP   STAND
SLIDE   WAVE

41)

```
P Y A L U K U H P I M V
F R I G N I T E W N Y G
H C A E T K P Y K F W E
A C B I O X O Z G L D G
Q C O H S C M Q D A D G
E U T J P E X X O T A R
T P E I A X O P U E X L
N G K J V O D I V M H Y
U M P I G E M R G I C U
N E Q G J N N O N R U T
H M O G C P R T N P S T
S Q Z L I N S T I L G T
G S S E R P M I F H R B
E M P O W E R Q Q G A F
E I S I Q L U G T U B E
```

Transitive verbs

ACTIVE
EMPOWER
GRAB
IGNITE
IMPRESS
INFLATE
INSTIL
JIGGLE
PRAISE
PRIME
TEACH
TURN ON

42)

```
Q I K E L Z Z A D E B T
V K I P S H N F E H U A
A L N N U O Q R V N S W
R B D Y M Y U N A K X Z
N Q L A M V Y G L I G C
J A E Z O C F Q U B N J
J O I H N K Z B E Z H U
S T R E N G T H E N P W
I M P A S S I O N Q R C
E N G U L F M X P F E T
D Z F N G T G O K P A E
D R I V E P E R U W C O
W I X G D A U M J L H Q
G G B U Z Z O S P J D L
H C K W L M B I H T W D
```

Transitive verbs

BEDAZZLE
DEVALUE
DRIVE
ENGULF
IMPASSION
KINDLE
MOULD
PREACH
PUSH
STRENGTHEN
SUMMON
TEMPT

43)

```
S A X L W M E M P M J K
N O N C O A L E W F F H
W R A P T O O L T O D E
U O R K I C S T H Q Z E
K B R M T P S E F E W L
S H U S D U M M N R R Y
N T M O H P G L A U D H
J O R Z V I U A S S P I
F O W O D V P A S S V T
M M S Z K K W D U A Y K
I S S I Z E J O R E V C
B E F R I E N D E R J Y
E M B R A C E Y X E J P
I N T O X I C A T E X K
S O O T H E W D P H R Q
```

Transitive verbs

ASSURE	REASSURE
BEFRIEND	SMOOTH
EMBRACE	SOAK
INTOXICATE	SOOTHE
LOOSEN UP	STROKE
MELT	WORSHIP

44)

```
E E Z F C R C K G B E X
N N A Q K U S I X G S L
L T X E X O D Y Y S I F
I H R K R C M D V B A L
S U B Y S C X A L E R O
T S G F I U S H C E P V
Q E N I H S K L O H P E
Y Y R T U O C W T L A U
D C F A M R N C S F D U
O R S R U E E G V Z X D
J P U G P T B L M X Y A
H X R O O T Y S I R Y V
G T F A X U W V T E O E
S V V Q Z B M D Z N V B
T P O C L H D Z D U C E
```

Transitive verbs

APPRAISE　　　　　HOLD
BUTTER　　　　　　LOVE
CUDDLE　　　　　　RELAX
ENLIST　　　　　　RELIEVE
ENTHUSE　　　　　SHINE
GRATIFY　　　　　SUCCOUR

45)

```
C K B A F G K N Z T K X
A O O J W U D N H D T E
R F N H Z I T Y B K W V
H N W J B D P W Q R S F
C O R P U E U M H V J W
F O U K O R E T S O F S
V E A Y F U E W B L M H
L O E X W E N G A G E U
P P M D R V I H G R W G
L E A D Q L L N Q A D P
M N M C S O O B L T V B
D J C P F V F T Z U A E
Z P N C P N Y U D E E Y
P H N Z K I T A V E W R
L U R E Q P U L L F X E
```

Transitive verbs

COAX	GUIDE
CONJURE	HUG
DRAW	INVOLVE
ENGAGE	LEAD
FEED	LURE
FOSTER	PULL

46)

```
F X Q H T B M V K F Z P
W O B N Q D T Z R V X X
X T R C K M R I Q G C Q
G C W O P O E P L E A D
E P C N Z D C X P B Q C
V A S V L I I S C B R C
B J J E J F U A S I K Z
K C D R B Y J O W T T Z
P L E T R I L F Y O T E
M Y S T I F Y M O U E C
Q Z S Q U E E Z E C A U
C F U C W A G R Q H S D
R N B G X T W W U P E E
S X M O N Z A D Z O C S
F O K K H D F Q N Y E L
```

Transitive verbs

BEG	MYSTIFY
CONVERT	PLEAD
EXCITE	SEDUCE
FLIRT	SQUEEZE
JUICE	TEASE
MODIFY	TOUCH

47)

```
W X J B G R D O N A X
U D W R U B D J S C K O
T T E T A R E T I L B O
K C H W Q J Y M V Q L G
S M O T H E R T L R U N
R W R E S T L E R M N B
I E T A N I M O D I R A
J X D Y H U Q Q N H C H
H E P U O V E R R U N K
V P W S C X C H A N G E
E O C D R E P G K I V F
M A R S H A L L P I G C
D E S T A B I L I Z E T
E L I M I N A T E B E I
O W T W H J D Z G B Z Y
```

Transitive verbs

BURY   OBLITERATE
CHANGE   OVERRUN
DESTABILIZE   REDUCE
DOMINATE   SMOTHER
ELIMINATE   TRICK
MARSHALL   WRESTLE

48)

```
T J K V X J N D V M Q M Z Q H
O U G H T T O G O T U U X H A
B M D T R H C O U E J S B D S
E I D I D A O I N E S K T A V
A G T G H D U N H E D K Q R Z
B H E P P B L G A F E R Y E P
L T N S S E D T D T J D C H A
E B E E N T B O B E I N G X R
T W E R E T M A Y W I L L C E
O W S Q N E W A S Z H Z J A R
O R O H E R Z A D D F A R N F
W A L U A S H O U L D E V F R
P E D E L L H A V E T O B E Q
I V I O R D L J R Q L Q P N A
X B R Y M J N A N N C V X S Z
```

Auxiliary verbs – find <u>underlined</u> verbs only

AM	DO	<u>MIGHT</u>
ARE	<u>DOES</u>	<u>MUST</u>
BE	<u>GOING TO</u>	<u>NEED</u>
<u>BE ABLE TO</u>	<u>HAD</u>	<u>OUGHT TO</u>
<u>BEEN</u>	<u>HAD BETTER</u>	<u>SHALL</u>
<u>BEING</u>	<u>HAS</u>	<u>SHOULD</u>
<u>CAN</u>	<u>HAVE</u>	<u>WAS</u>
<u>COULD</u>	<u>HAVE TO</u>	<u>WERE</u>
<u>DARE</u>	IS	<u>WILL</u>
<u>DID</u>	<u>MAY</u>	<u>WOULD</u>

49)

```
F O R E S E E N S W F B
P D E A L T S C W A O E
A W O K E N W T O S R C
B E C A M E C E R W E O
E B A A I Z X O N E S M
W E P W F I G H T R A E
A E M D A L Y A Q E W F
F N H E N K F E E D I O
A O P A L U E M A K E R
F W U L S H O W E D S E
M E O G C J S S K H H S
Y A D K H J W T H A O E
M B D O E T O T D O W E
G E F E Z C R Y S W W F
S W E A R O E M M O R N
```

Irregular verbs – find <u>underlined</u> verbs only

<u>MAKE</u>	<u>MADE</u>	<u>MADE</u>
<u>DEAL</u>	<u>DEALT</u>	<u>DEALT</u>
<u>AWAKE</u>	<u>AWOKE</u>	<u>AWOKEN</u>
BE	WAS/WERE	<u>BEEN</u>
<u>FIGHT</u>	<u>FOUGHT</u>	FOUGHT
<u>FEED</u>	<u>FED</u>	FED
<u>BECOME</u>	<u>BECAME</u>	BECOME
<u>SHOW</u>	<u>SHOWED</u>	<u>SHOWN</u>
<u>FORESEE</u>	<u>FORESAW</u>	<u>FORESEEN</u>
<u>SWEAR</u>	<u>SWORE</u>	<u>SWORN</u>

50)

```
F B I D B B N U E W G S
B A A S A J I C B E O T
E S L F D F L D Y N N I
S T F L E E S O D T E N
T R M M E L I P S E B G
R O B T E L B T Y T N S
I D B E S T R O D E H T
D E K S T R I D E S Q R
D D A R T O L D D T B I
E F A L L E N X S U L D
N D U A B T V F T N J D
B E S T R I D E U G L E
M H F T E L L W C Z O N
S T I C K G K M K N S Y
F O R E C A S T Y G E I
```

Irregular verbs – find <u>underlined</u> verbs only

<u>STING</u>	<u>STUNG</u>	STUNG
<u>LOSE</u>	<u>LOST</u>	LOST
<u>TELL</u>	<u>TOLD</u>	TOLD
<u>FORECAST</u>	FORECAST	FORECAST
<u>BESTRIDE</u>	<u>BESTRODE</u>	<u>BESTRIDDEN</u>
<u>STRIDE</u>	<u>STRODE</u>	<u>STRIDDEN</u>
<u>BID</u>	<u>BADE</u>/BID	<u>BIDDEN</u>/BID
GO	WENT	GONE
<u>STICK</u>	<u>STUCK</u>	STUCK
<u>FALL</u>	FELL	<u>FALLEN</u>

51)

```
P A I D D F R E A D S S
D K L P R B U R S T W W
G R C A U A A N B Y U E
B J A Y N N R Q N Z N E
I B W N K M B R E D G P
T R P X K I T B I T E U
C E Q E X S T H A U X S
T E Q P R T D H R N U L
B D O X G A S R R O X G
T F O H U K Z W I E W D
H M J H L E Z J I N W N
R B I T T E N M O N K O
O G O F H S W E P T G C
W I T M I S T O O K K I
S A M I S T A K E N W F
```

Irregular verbs – find <u>underlined</u> verbs only

<u>SWEEP</u>	<u>SWEPT</u>	SWEPT
<u>BITE</u>	<u>BIT</u>	<u>BITTEN</u>
<u>SWING</u>	<u>SWUNG</u>	SWUNG
<u>THROW</u>	<u>THREW</u>	<u>THROWN</u>
<u>DRINK</u>	<u>DRANK</u>	<u>DRUNK</u>
<u>BREED</u>	<u>BRED</u>	BRED
<u>READ</u>	READ	READ
<u>MISTAKE</u>	<u>MISTOOK</u>	<u>MISTAKEN</u>
<u>PAY</u>	<u>PAID</u>	PAID
<u>BURST</u>	<u>BURST</u>	BURST

52)

```
F F T I R S K C H S E I
O O H N F I O Y U H X N
R R R T F L D X N R I T
G G U E C L O G G U N E
A I S R A U E W B N T R
V V T W H U T W N K E W
E E P E A B U I L D R O
Z N N A N G R E W U W V
K K D V G G S W F I O E
Y D Z E J G T H G H V R
F O R G I V E B R A E B
S S H R A N K U F I N A
B U Y B F W T I Z L N F
G R O W N Z R L X W Y K
B O U G H T K T G R O W
```

Irregular verbs – find <u>underlined</u> verbs only

HANG	HUNG	HUNG
BUILD	BUILT	BUILT
THRUST	THRUST	THRUST
FORGIVE	FORGAVE	FORGIVEN
BUY	BOUGHT	BOUGHT
GROW	GREW	GROWN
RID	RID	RID
FLY	FLEW	FLOWN
INTERWEAVE	INTERWOVE	INTERWOVEN
SHRINK	SHRANK	SHRUNK

53)

```
S P G G A B I D E G O B
W O B R O K E L B R V R
D I U F L P G W R I E O
W L N G I F P J E N R K
D R W D H F R E A D H E
D R O V E T Q O K X E N
F R E E Z E J A Z T A M
O C U T D R A W B E R T
D V D R I V E D S O D W
R S E D R A W N R Z D A
I E B R T N H T Q E O E
V E C P H T M Z J D W R
E K R P Y E G R O U N D
N W O U N D A X X R Q R
F R O Z E N H R X R W M
```

Irregular verbs – find <u>underlined</u> verbs only

CUT	CUT	CUT
OVERHEAR	OVERHEARD	OVERHEARD
DRAW	DREW	DRAWN
ABIDE	ABODE	ABODE
BREAK	BROKE	BROKEN
DRIVE	DROVE	DRIVEN
SEEK	SOUGHT	SOUGHT
FREEZE	FROZE	FROZEN
GRIND	GROUND	GROUND
WIND	WOUND	WOUND

54)

```
A O B M E A N T S S A
P B E R F F H R W E K Q
B E K A O E I S U N O Z
H A J F T A E N M T P H
W R A O F E D L D Z H H
N Q I U M E N C J I Q B
V B V N E X L V A V W L
B S B D A S K T A S U E
O M W B N V E E A T T D
R X Q I T P L N Y Z L E
N P A I M R S T D H F K
B L E E D U W H Y J T U
B O R E A N A O A U T D
K I E G B O M X L T K W
W T X R A N J R K W E F
```

Irregular verbs – find <u>underlined</u> verbs only

<u>EAT</u>	<u>ATE</u>	<u>EATEN</u>
<u>SEND</u>	<u>SENT</u>	SENT
<u>MEAN</u>	<u>MEANT</u>	MEANT
<u>BEAR</u>	<u>BORE</u>	<u>BORN</u>
<u>FEEL</u>	<u>FELT</u>	FELT
<u>RUN</u>	<u>RAN</u>	RUN
<u>FIND</u>	<u>FOUND</u>	FOUND
<u>BROADCAST</u>	BROADCAST	BROADCAST
<u>BLEED</u>	<u>BLED</u>	BLED
<u>SWIM</u>	<u>SWAM</u>	<u>SWUM</u>

55)

```
F R R U N G Z B F B S S
A O A G Q R P I O O T T
Z J R N E O W N R V R R
U I U B G J I D B E U I
X V K I I R N X I R N N
Z R D L F D D K D S G G
F O R G O T W G D L F B
F O R G E T N O E E L B
W O U N D N K T N E E O
O V E R S L E P T P D U
F O R G O T T E N K M N
B N M M A H D H A G Q D
G E T I R I N G A D H L
F L E E H A V E P D B S
B T R Z A F O R B A D E
```

Irregular verbs – find <u>underlined</u> verbs only

<u>FLEE</u>	<u>FLED</u>	FLED
<u>WIND</u>	<u>WOUND</u>	WOUND
<u>OVERSLEEP</u>	<u>OVERSLEPT</u>	OVERSLEPT
<u>FORBID</u>	<u>FORBADE</u>	FORBIDDEN
<u>RING</u>	<u>RANG</u>	RUNG
<u>FORGET</u>	<u>FORGOT</u>	FORGOTTEN
<u>GET</u>	<u>GOT</u>	GOT
<u>STRING</u>	<u>STRUNG</u>	STRUNG
<u>HAVE</u>	<u>HAD</u>	HAD
<u>BIND</u>	<u>BOUND</u>	BOUND

56)

```
S T O R N R B U R N T F
G H M I T K S H A K E N
G A A U N O W E A R J E
Z I V K B S G I V E N F
Q Q V E E E H F N O X L
B N H E L A A O G W X U
W E P U T B R T O R A N
M O A T B Z U I E K R G
T C R T H K O R S N I W
K O J E C O R A N E S Q
O U R T G I U V M G E T
H E E E H X Z G D E N W
T E A R G I T K H J P O
F L I N G R N G J T V R
A R O S E K E K U I P N
```

Irregular verbs – find <u>underlined</u> verbs only

<u>BURN</u>	<u>BURNT</u>	BURNT
<u>SHAKE</u>	<u>SHOOK</u>	<u>SHAKEN</u>
<u>BEAT</u>	<u>BEAT</u>	<u>BEATEN</u>
<u>WEAR</u>	<u>WORE</u>	<u>WORN</u>
<u>PUT</u>	PUT	PUT
<u>GIVE</u>	<u>GAVE</u>	<u>GIVEN</u>
<u>ARISE</u>	<u>AROSE</u>	<u>ARISEN</u>
<u>TEAR</u>	<u>TORE</u>	<u>TORN</u>
<u>FLING</u>	<u>FLUNG</u>	<u>FLUNG</u>
<u>THINK</u>	<u>THOUGHT</u>	<u>THOUGHT</u>

57)

```
R O S E D R E A M T S Q
V Y J B E S P E A K H B
U N D O N E R R W B R E
B E S P O K E I O E O S
C S Z K H W D S K F V P
P H C S U R O E E E E O
M R V A N O S K N L B K
R I R W D D T R E L E E
I V U I O E U I T B F N
D E N L D T N S W E A X
E N S E E D K E A F L S
S E E N S V E N K A L T
S T A N K J O N E L E I
S H R I V E Q R Y L N N
D R E A M U N D I D Y K
```

Irregular verbs – find <u>underlined</u> verbs only

<u>DREAM</u>	<u>DREAMT</u>	<u>DREAMT</u>
<u>BEFALL</u>	<u>BEFELL</u>	<u>BEFALLEN</u>
<u>STINK</u>	<u>STANK</u>	<u>STUNK</u>
<u>SEE</u>	<u>SAW</u>	<u>SEEN</u>
<u>BESPEAK</u>	<u>BESPOKE</u>	<u>BESPOKEN</u>
<u>SHRIVE</u>	<u>SHROVE</u>	<u>SHRIVEN</u>
<u>RIDE</u>	<u>RODE</u>	<u>RIDDEN</u>
<u>UNDO</u>	<u>UNDID</u>	<u>UNDONE</u>
<u>WAKE</u>	<u>WOKE</u>	<u>WOKEN</u>
<u>RISE</u>	<u>ROSE</u>	<u>RISEN</u>

58)

```
S S M L E S L B Q I F C
T T C E U T D U E T J H
R R G Q T R W H G G Z A
O I S M R I E S X U A Z
V V B H A V L H P H T N
E E D L O E L O P Z A J
G N V W O N P O A A U V
B B G S E W E T E Q G P
B E L P J L J D T H H F
N L G E W J T S V Q T G
N K O U W S B E G I N L
Q T S W N A C A S T Y N
D K A N N Y M E E T Y T
H G I S H I N E S H O T
U A D T E A C H N V J W
```

Irregular verbs – find <u>underlined</u> verbs only

<u>SHOOT</u>	<u>SHOT</u>	SHOT
<u>MEET</u>	<u>MET</u>	MET
<u>BEGIN</u>	<u>BEGAN</u>	<u>BEGUN</u>
<u>SAY</u>	<u>SAID</u>	SAID
<u>STRIVE</u>	<u>STROVE</u>	<u>STRIVEN</u>
<u>CAST</u>	<u>CAST</u>	CAST
<u>DWELL</u>	<u>DWELT</u>	DWELT
<u>BLOW</u>	<u>BLEW</u>	<u>BLOWN</u>
<u>SHINE</u>	<u>SHONE</u>	SHONE
<u>TEACH</u>	<u>TAUGHT</u>	TAUGHT

59)

```
T U B E T Q F I B K U W
T R N C S T R I K E N O
N O E D Q S V P R P D V
X W O A E T T H M F E E
D B O K D R A E S C R N
U T A K E N T K A N T S
S N W E E P S A E L A T
S T D P L W T T K L K O
W H O E K C R W R E E L
O C E L R T O E R U N E
V M N D E T D P F B C O
E Z G T D N O T L R S K
B R O U G H T O X I W C
W E A V E Y C B K N J V
T R O D D E N W O G X N
```

Irregular verbs – find <u>underlined</u> verbs only

<u>WEEP</u>	WEPT	WEPT
<u>STRIKE</u>	STRUCK	STRUCK
<u>BRING</u>	<u>BROUGHT</u>	BROUGHT
<u>SHED</u>	SHED	SHED
<u>BET</u>	BET	BET
<u>WEAVE</u>	WOVE	WOVEN
<u>TAKE</u>	TOOK	TAKEN
<u>UNDERTAKE</u>	UNDERTOOK	UNDERTAKEN
<u>STEAL</u>	STOLE	STOLEN
<u>TREAD</u>	TROD	<u>TRODDEN</u>

60) Choose the correct verb for each sentence from the multiple-choice.

1. Read | Readings | To read | Reading
_____ helps you learn new things.

2. know | knew | known | knows
I have _____ Caitlin since nursery.

3. living | lived | live | living
He _____ here before he married Susan.

4. went | going | goes | go
After graduation, I plan to _____ on holiday.

5. paint | painted | painting | paints
This canvas was _____ by my sister.

6. spend | spending | spends | spent
I will _____ my money wisely.

7. improves | improving | improved | improve
Power walking is a great way to _____ cardiovascular fitness.

8. took | take | taking | takes
I am thinking about _____ driving lessons next year.

9. forget | forgotten | forgot | forgetting
I _____ to bring my water bottle to school today.

10. craves | craving | crave | craved
Why am I _____ chocolate all the time?

11. juices | juice | juicing | juiced
Can a banana be _____?

12. ran | run | running | runs
Lisa _____ down the street, looking upset.

13. making | make | makes | made
How do you _____ Yorkshire puddings?

14. teach | taught | teaching | teaches
Some important life lessons are often _____ too late.

15. learning | learnt | learn | learned
I just _____ 10 new words in Spanish.

61) Fill in the blanks with the proper verb form.

1. 'lose'
Katy _____ every single game in ping pong.

2. 'understand'
By the end of the meeting, John _____ the requirement.

3. 'speak'
Tamara _____ her mind.

4.'forget'
I _____ my wallet again!

5. 'have'
I wish we _____ never met.

6. 'give'
Jamie _____ Lucy a beautiful bracelet.

7. 'become'
Terry _____ very irritable.

8. 'know'
I never _____ there was more to it.

9. 'read'
You are welcome to _____ any of my books.

10. 'hear'
We _____ strange voices in the hall.

11. 'swim'
Charlie _____ across the lake.

12. 'tell'
Oliver never _____ me he spoke Spanish.

13. 'sleep'
Our guests _____ in the spare room.

14. 'keep'
Daniel just _____ talking about himself.

15. 'lend'
Sofie _____ me £20.

62) Fill in the blanks with the proper verb form continued.

16. fly
We _____ over the small island.

17. send
She finally _____ her application letter.

18. feel
I _____ the earthquake.

19. find
I _____ it very hard to keep calm.

20. pay
Have you _____ for the tickets?

21. go
We _____ to London last weekend.

22. bring
Tracy _____ muffins to the family picnic.

23. wear
He always _____ a baseball cap.

24. think
I never _____ I could achieve it.

25. write
I already _____ it all down.

26. stand
Charlie _____ in front of his master, full of anticipation.

27. sing
We all _____ 'Happy Birthday' to mum.

28. take
Gary _____ part in the online survey.

29. eat
I _____ every little crumb of my dessert.

30. drive
We _____ for hours before we found it.

63) Find and underline the adverb in each sentence

1. Crayfish move <u>extremely</u> fast backwards.
2. <u>Fortunately</u>, Philip recorded Joey's victory.
3. Kathy spoke <u>clearly</u> and with conviction.
4. My dad restarts his laptop <u>weekly</u>.
5. Jennifer doesn't <u>usually</u> go to school by bus.
6. As she walked out of the office, she <u>quickly</u> closed the door.
7. The puppies love to play <u>outside</u>.
8. The theatre show is starting <u>now</u>.
9. Claire answered the question <u>correctly</u>.
10. Thomas <u>occasionally</u> lies.
11. The nature magazine comes <u>monthly</u>.
12. She read the assignment <u>carefully</u>.
13. They <u>always</u> leave the house at 8 am.
14. Sarah <u>never</u> argues with me.
15. The pupils worked <u>exceptionally</u> hard in their lessons.
16. I arrived <u>earlier</u> because I did not want to miss the train.
17. I <u>totally</u> agree with Jonathan!
18. Bethany <u>really</u> wants a new computer.
19. How <u>often</u> do you see your cousins?
20. Genia worked and lived <u>abroad</u>.

64) Find and circle 10 intransitive verbs

SOAK	DRIVE
FOSTER	RISE
TRICK	WRESTLE
WIGGLE	SPRINT
IGNITE	JIGGLE
GROW	BUTTER
FLOAT	MODIFY
DOMINATE	GALLOP
SOOTHE	JUICE
TOUCH	GRAB
SHAKE	MARCH
ERUPT	ASSURE
IMPRESS	BEG

65) Find and underline the adverb in each sentence

1. Caroline is <u>often</u> late for work.
2. I visit the dentist <u>annually</u>.
3. My mum is <u>constantly</u> chasing my baby sister.
4. Gracie ran <u>upstairs</u> to fetch her pencil case.
5. Hunter sat <u>quietly</u> in his bed.
6. I need to talk to you <u>immediately</u>.
7. The slush machine is not working <u>properly</u>.
8. Look straight <u>ahead</u>, and you will spot him.
9. Justine is <u>incredibly</u> smart.
10. I <u>rarely</u> drink fizzy pop.
11. It's <u>never</u> too late to learn new skills.
12. The plane departed <u>exactly</u> on time.
13. I visit my grandparents <u>regularly</u>.
14. There has to be a way to open this treasure chest.
15. The audience listened <u>politely</u> to the presenter.
16. Terry goes for a walk <u>daily</u>.
17. The children's choir sings <u>beautifully</u>.
18. She <u>deliberately</u> said mean things to him.
19. They <u>literally</u> searched everywhere.
20. Robert is <u>always</u> in trouble.

66) Identify the correct Adverbs

ABOVE – ACCIDENTALLY – BARELY – BEHIND – COMPLETELY – DOWNSTAIRS – EARLIER – EASILY – ENTIRELY – EXTREMELY – FREQUENTLY – HARDLY EVER – HERE – IMMEDIATELY – NEVER – OFTEN – OUTSIDE – QUIETLY – RECENTLY – SECRETLY – SLOWLY – SOMETIMES – TONIGHT – VERY – YESTERDAY

WHEN?

WHERE?

HOW?

HOW MUCH?

HOW OFTEN?

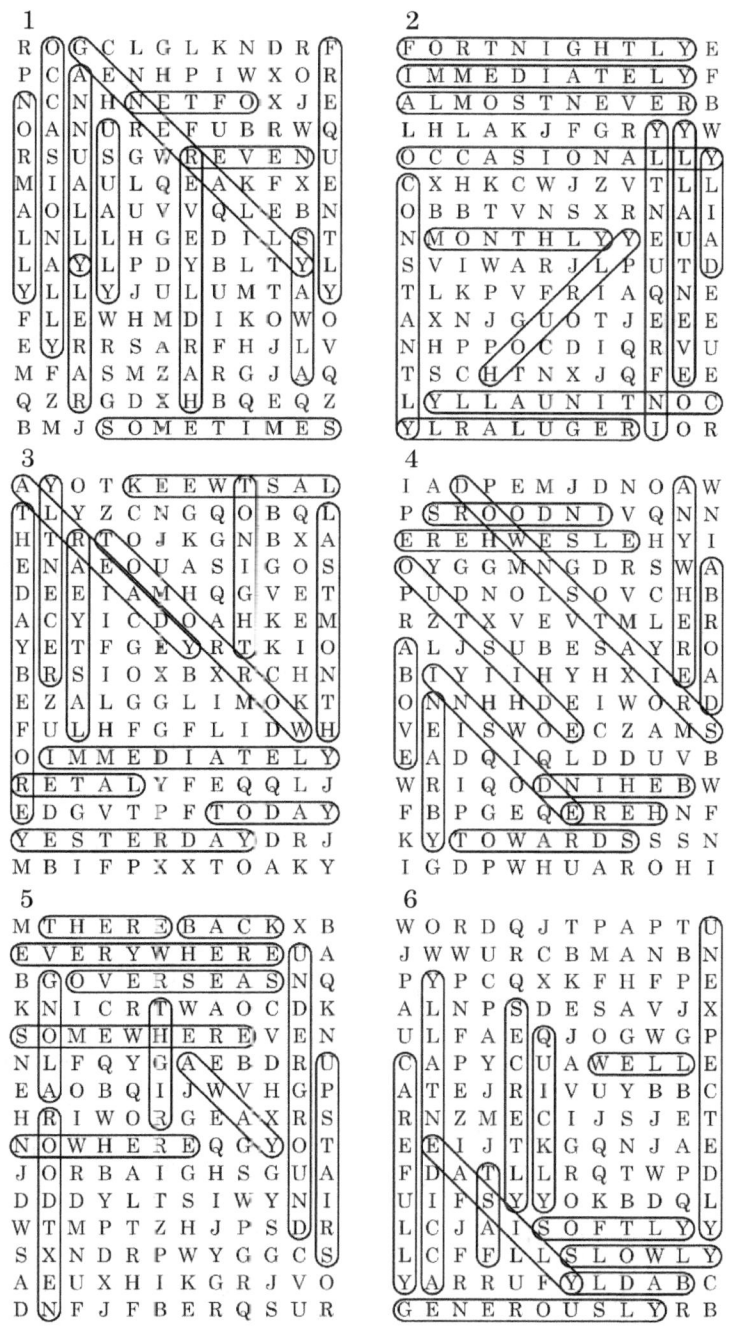

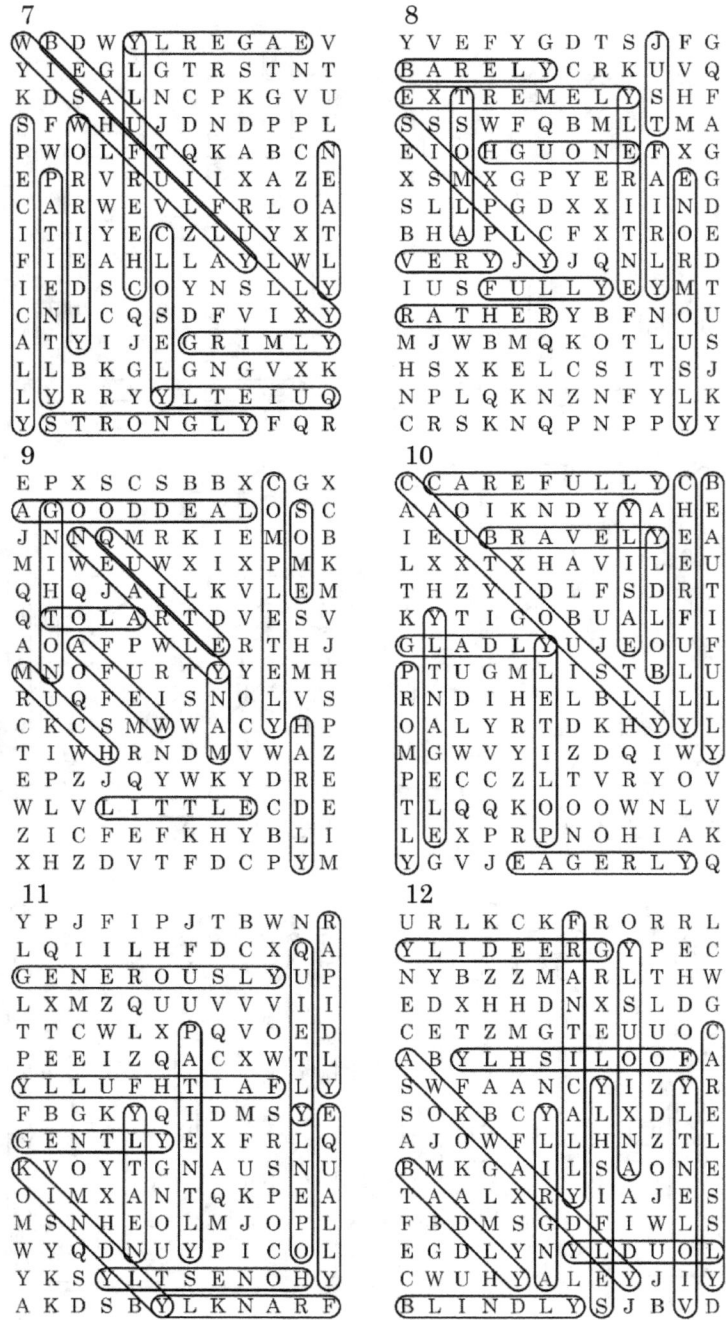

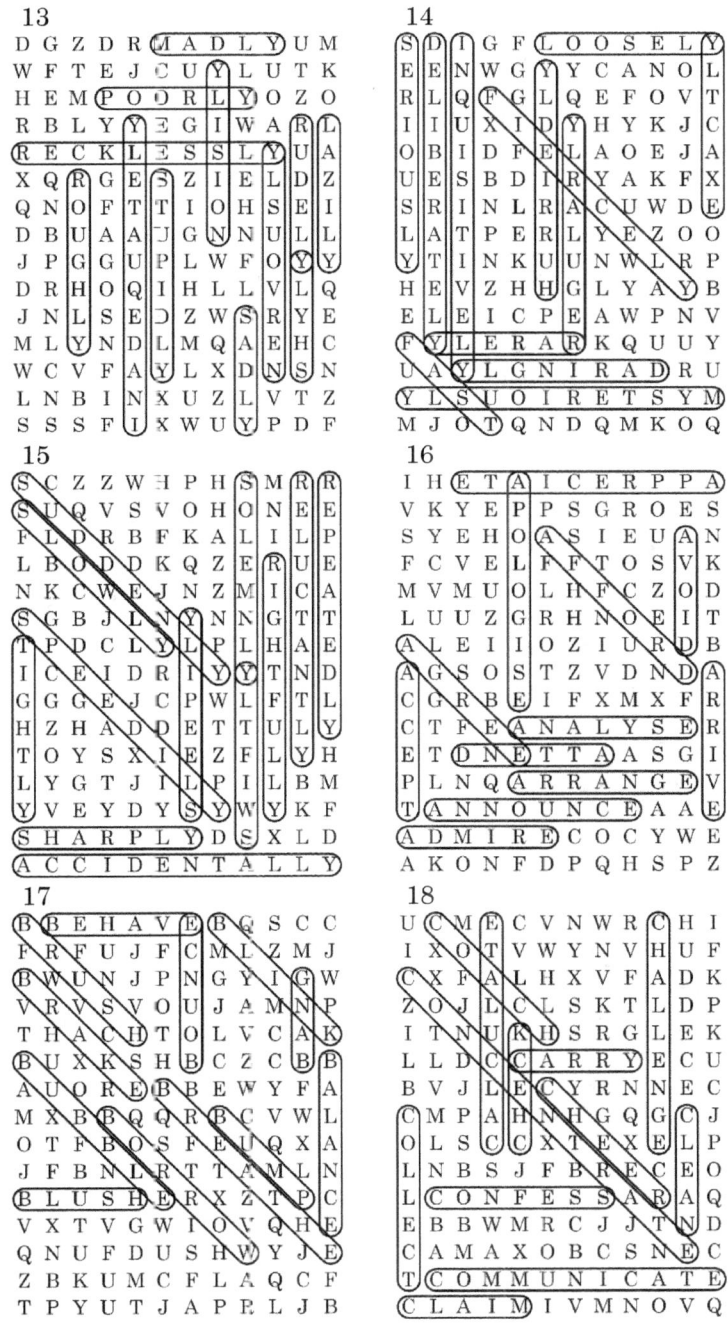

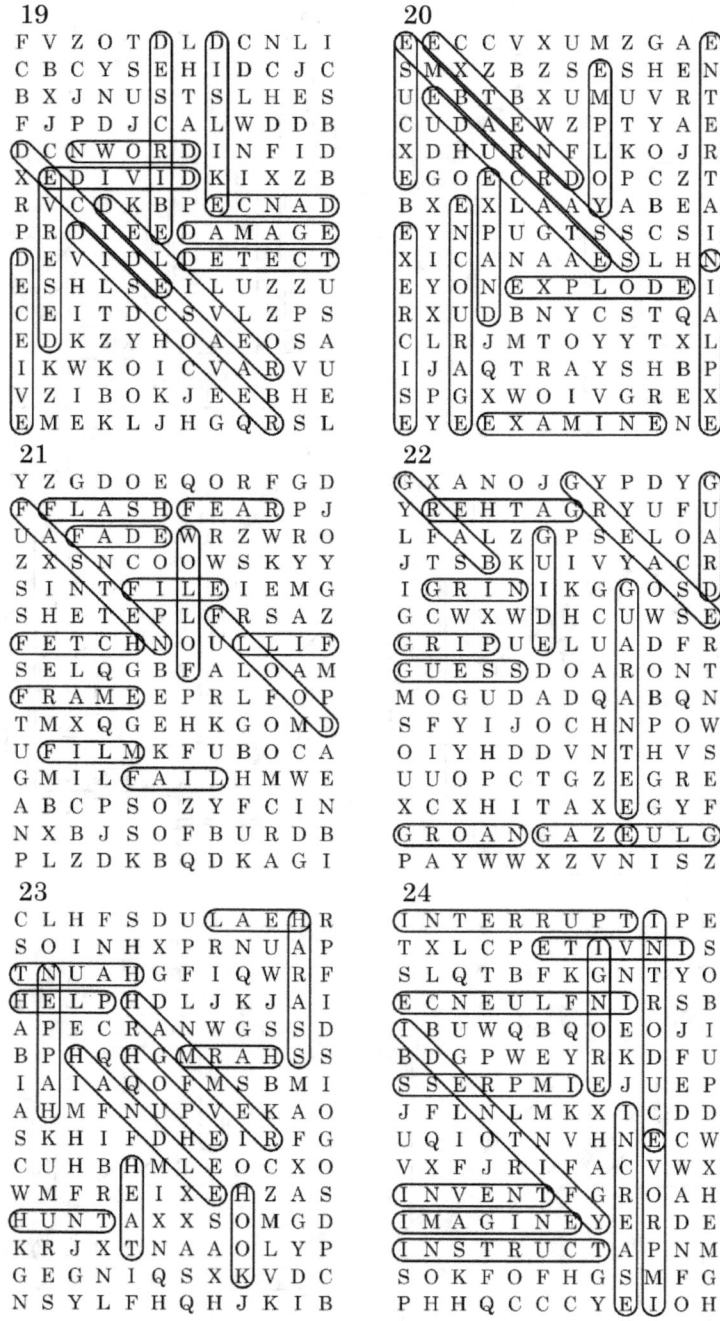

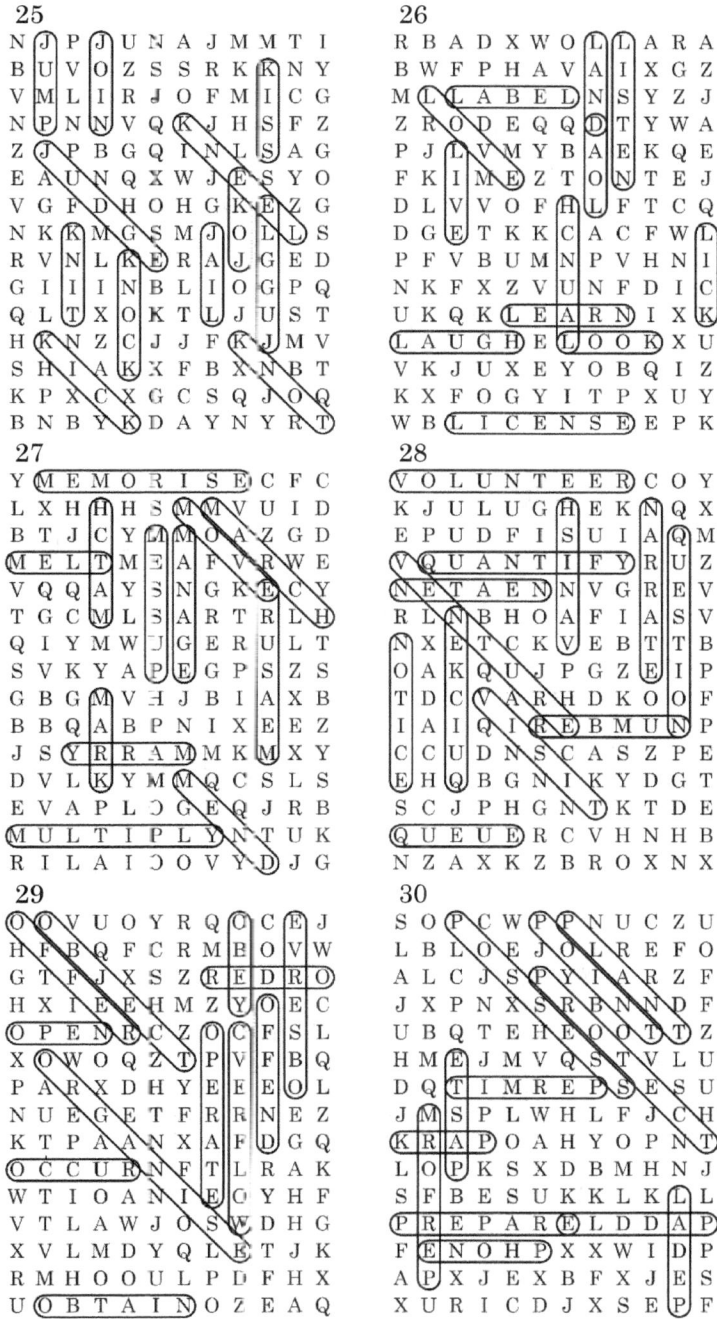

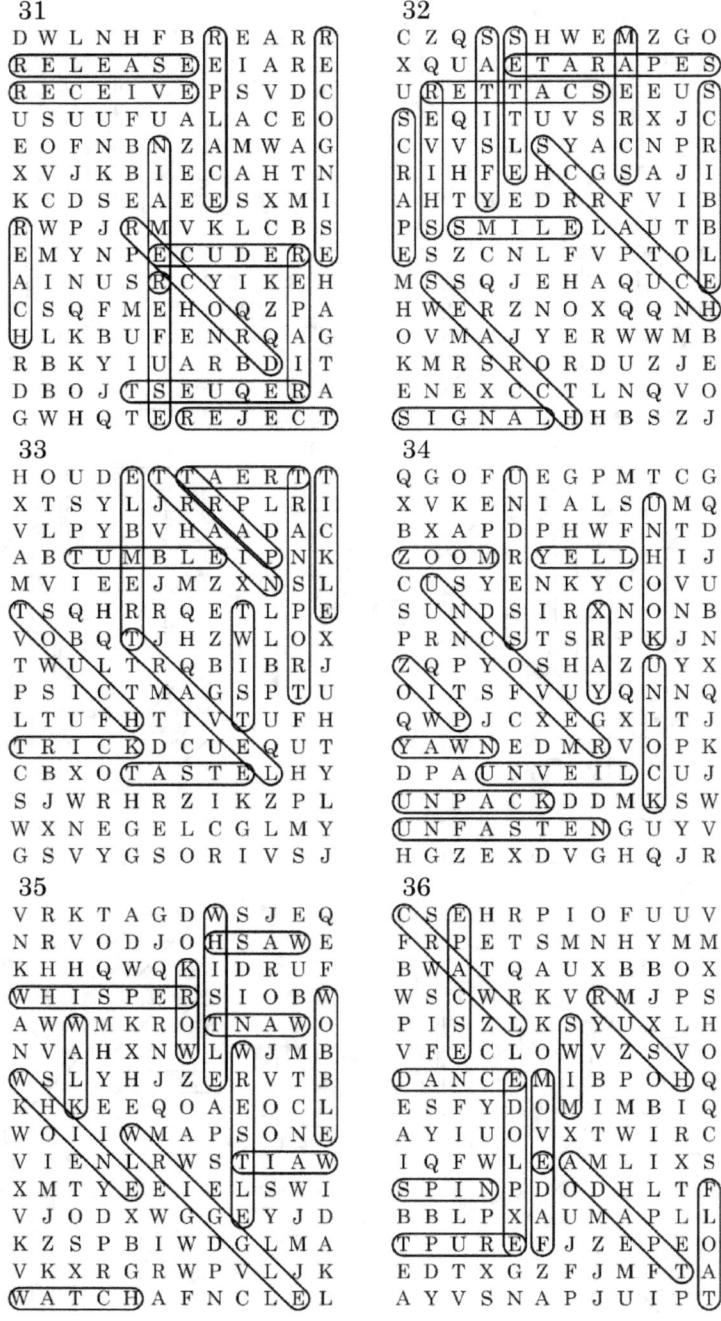

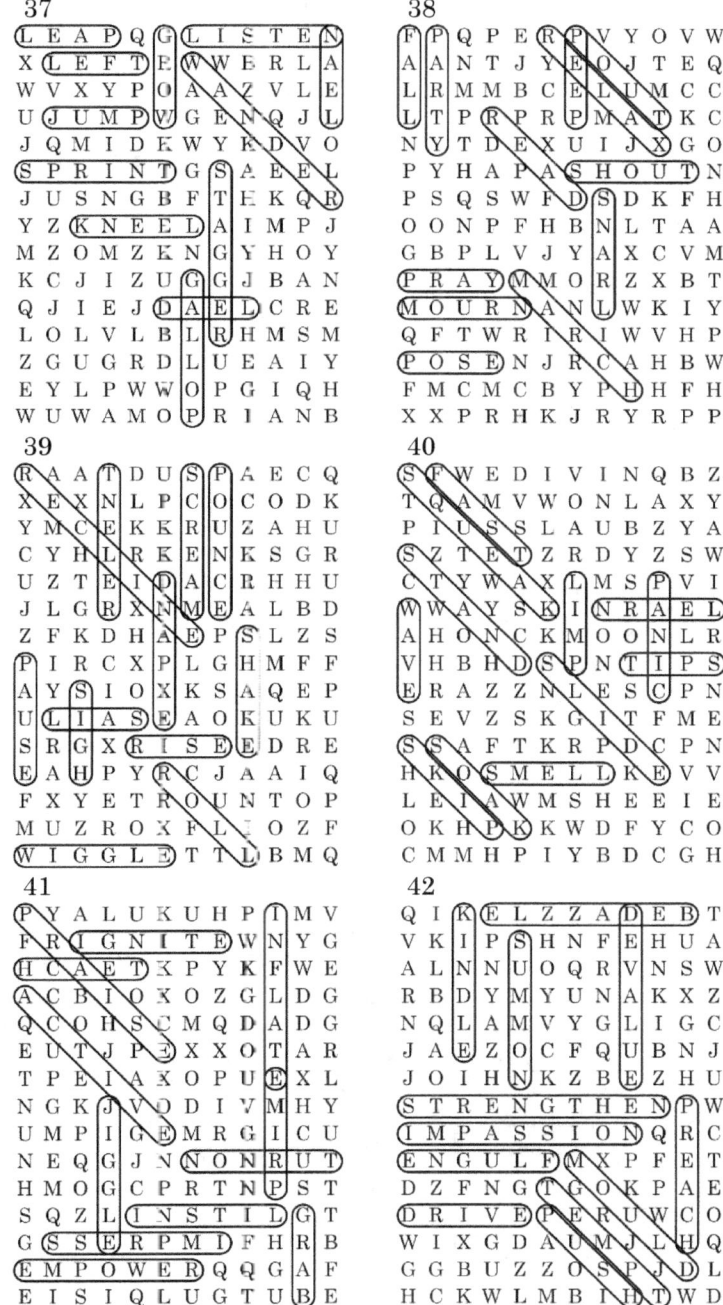

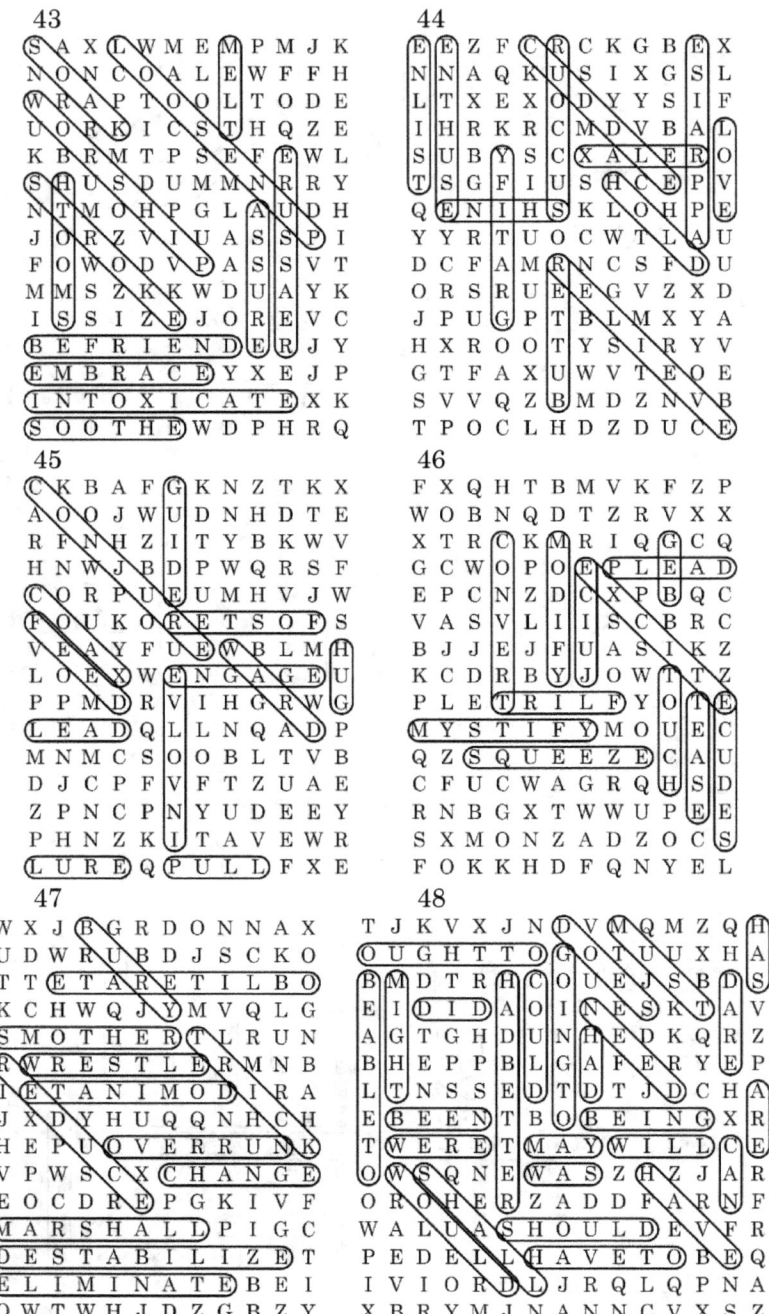

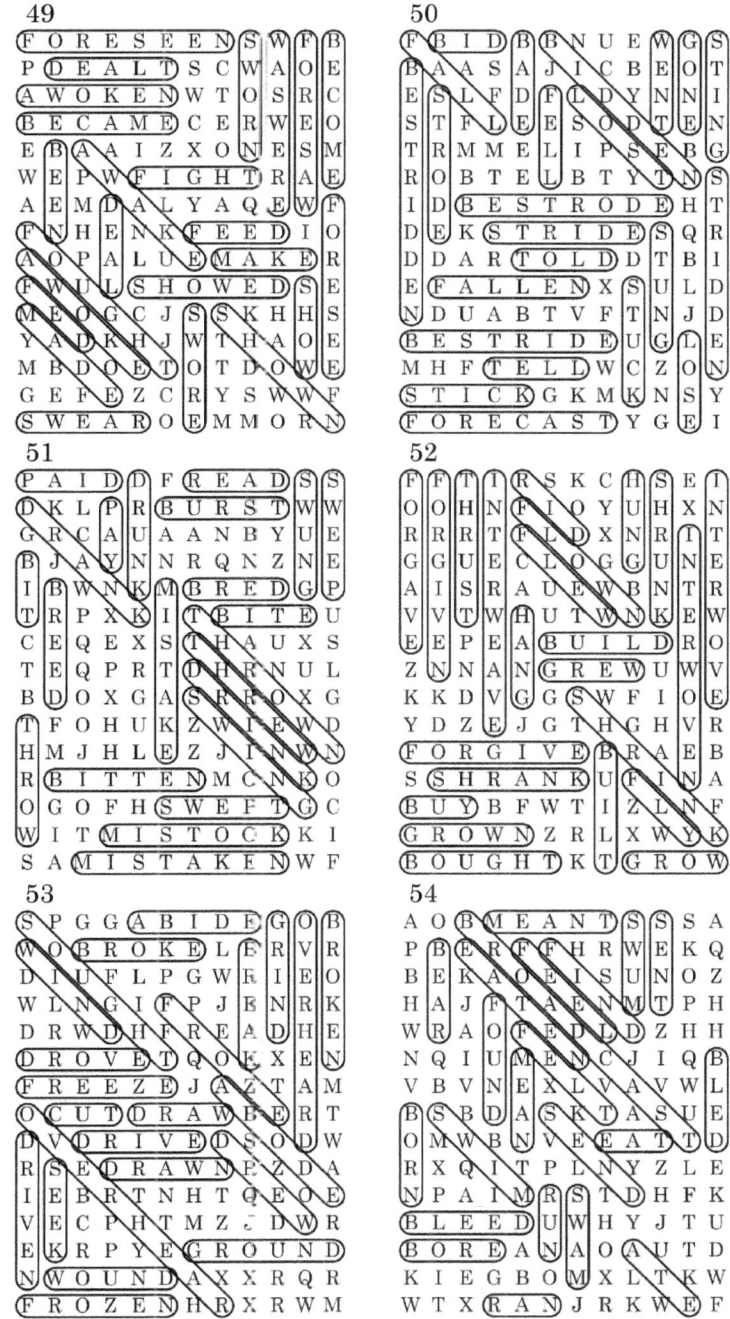

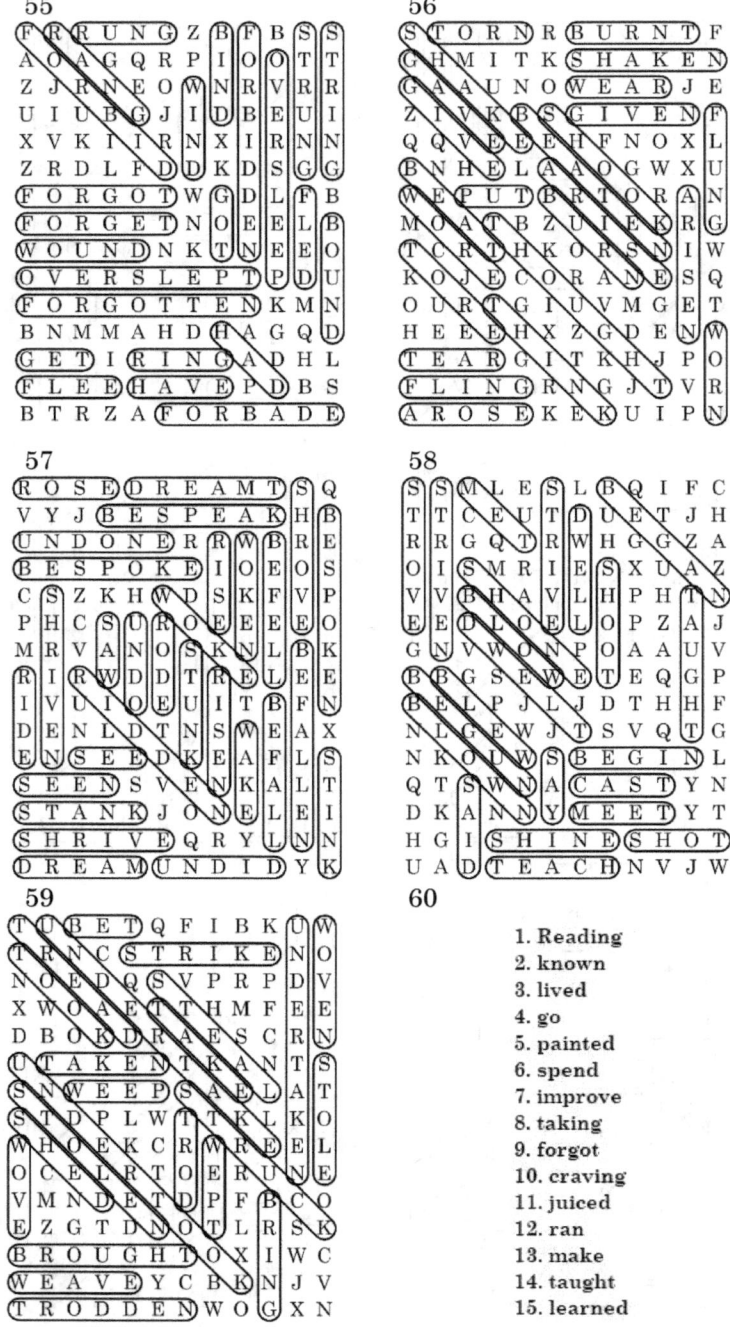

60

1. Reading
2. known
3. lived
4. go
5. painted
6. spend
7. improve
8. taking
9. forgot
10. craving
11. juiced
12. ran
13. make
14. taught
15. learned

61

1. lost
2. understood
3. spoke
4. forgot
5. had
6. gave
7. became
8. knew
9. read
10. heard
11. swam
12. told
13. slept
14. kept
15. lent

62

16. flew
17. sent
18. felt
19. found
20. paid
21. went
22. brought
23. wore
24. thought
25. wrote
26. stood
27. sang
28. took
29. ate
30. drove

63

1. extremely
2. Fortunately
3. clearly
4. weekly
5. usually
6. quickly
7. outside
8. now
9. correctly
10. occasionally
11. monthly
12. carefully
13. always
14. never
15. exceptionally
16. earlier
17. totally
18. really
19. often
20. abroad

64

SOAK	DRIVE
FOSTER	RISE
TRICK	WRESTLE
WIGGLE	SPRINT
IGNITE	JIGGLE
GROW	BUTTER
FLOAT	MODIFY
DOMINATE	GALLOP
SOOTHE	JUICE
TOUCH	GRAB
SHAKE	MARCH
ERUPT	ASSURE
IMPRESS	BEG

65

1. often
2. annually
3. constantly
4. upstairs
5. quietly
6. immediately
7. properly
8. ahead
9. incredibly
10. rarely
11. never
12. exactly
13. regularly
14. There
15. politely
16. daily
17. beautifully
18. deliberately
19. everywhere
20. always

66

When?	EARLIER
	IMMEDIATELY
	RECENTLY
	TONIGHT
	YESTERDAY
Where?	ABOVE
	BEHIND
	DOWNSTAIRS
	HERE
	OUTSIDE
How?	ACCIDENTALLY
	EASILY
	QUIETLY
	SECRETLY
	SLOWLY
How much?	BARELY
	COMPLETELY
	ENTIRELY
	EXTREMELY
	VERY
How often?	FREQUENTLY
	HARDLY EVER
	NEVER
	OFTEN
	SOMETIMES

GREAT JOB!

We hope you had fun working through these puzzles and practising your Adverbs and Verbs.

Please visit our website www.wordsearchmaster.com to download a print ready Wordsearch Master® certificate.

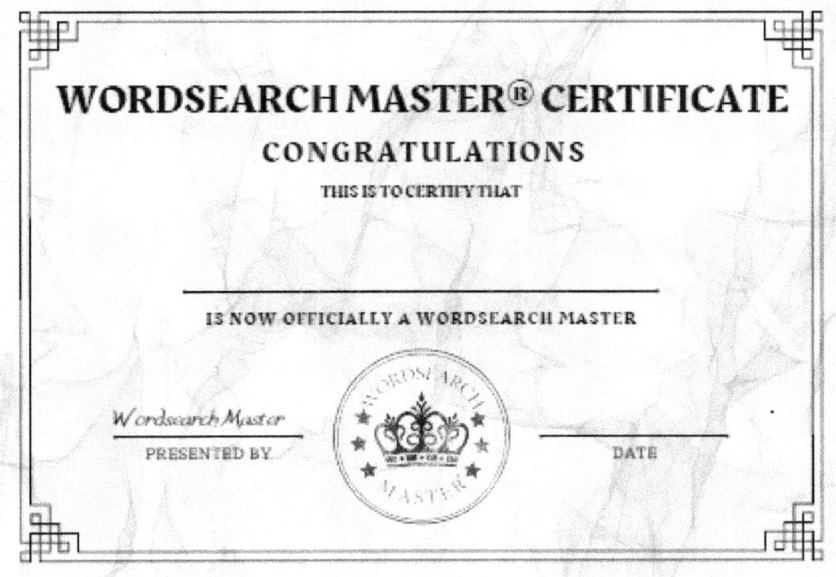

www.ingramcontent.com/pod-product-compliance
Lightning Source LLC
Chambersburg PA
CBHW072105110526
44590CB00018B/3322